La Révérende Mère Dalesme de Salvanet

SUPÉRIEURE

DE L'ORDRE DE SAINT-ALEXIS DE LIMOGES

(1725-1792)

JOSEPH BOULAUD

La Révérende Mère Dalesme de Salvanet

SUPÉRIEURE

DE L'ORDRE DE SAINT-ALEXIS DE LIMOGES

(1725-1792)

LIMOGES

IMPRIMERIE COMMERCIALE PERRETTE

7, Cours Jourdan, 7

1927

En souvenir de ma vénérée et bien-aimée grand'-mère, décédée en 1906, de qui je tiens de nombreux détails, utilisés dans cette étude, sur son arrière-grand'tante, la Mère Supérieure Dalesme de Salvanet.

J. B.

La Révérende Mère Dalesme de Salvanet

SUPÉRIEURE

DE L'ORDRE DE SAINT-ALEXIS DE LIMOGES

(1725-1792)

Les grands bouleversements sociaux et les révolutions ont presque toujours été suivis d'une recrudescence d'acharnement en vue de la spoliation et de la persécution des églises et des communautés religieuses.

La Révolution Française a laissé en cette matière sa trace indélébile dans toutes les provinces. Le Limousin n'a pas été épargné, car nombreux sont nos monastères supprimés qui furent désaffectés et vendus nationalement, tandis que leurs anciens possesseurs, religieux et religieuses, étaient déclarés suspects d'incivisme et poursuivis comme tels.

A Limoges, les monastères de la ville subirent le sort commun. Toutefois, celui des religieuses de Saint-Alexis fut extraordinairement préservé. Peut-être aussi les maîtres du jour se montrèrent-ils plus tolérants envers ce monastère, et cela même dans leur propre intérêt, car ils avaient besoin, pour les pauvres et les malades de l'hôpital, des soins assidus et dévoués des religieuses qu'on pourchassait.

L'ordre de Saint-Alexis avait été fondé à Limoges en 1657-1659 par une sainte femme, Marie de Petiot, née en 1612, fille de M. de Petiot, qui occupait une charge dans les finances de la généralité, et dont la famille posséda plus tard les seigneuries de Chavaignac, la Mothe, le Masboucher, Taillac, etc. Ses armes sont : *d'azur, au chevron d'or accompagné de trois pigeons d'argent, au chef cousu de gueules chargé de trois étoiles d'or.*

Au sujet de cette fondation, laissons parler M. Alfred Leroux, archiviste de la Haute-Vienne, dans son *Introduction à l'Inventaire des Archives Hospitalières de Limoges antérieures à 1790* (1) :

« La véritable restauratrice de l'esprit de charité, à Limoges, ce fut Marie de Petiot. Dès 1636, elle avait songé à se consacrer au service des pauvres, et elle fit alors aux hôpitaux Saint-Gérald et Saint-Martial quelques courts séjours que la faiblesse de sa santé ne lui permit malheureusement pas de prolonger. Quand elle rentra à Saint-Gérald, en 1648, elle y trouva une autre courageuse femme, Hélène Mercier, et Pierre Mercier, son frère, qui avec leurs seules forces, avaient tenté la tâche malaisée de secourir les trente pauvres de l'hôpital et de retarder ainsi, à force de dévouement et de zèle, la ruine imminente de l'établissement. Maledent de Savignac les aida bientôt de son expérience en prenant la direction de l'hôpital. En ce temps-là, la charité revêtait presque partout la forme ecclésiastique, parce qu'elle procédait presque partout de l'esprit de l'Eglise dans ce qu'il a de plus pur. L'un des premiers soins de Marie de Petiot fut de faire dédier la chapelle de l'hôpital à saint Alexis, le patron des pauvres ; c'était désigner, par avance, le patron de l'hôpital général. Puis, au bout de dix années, elle prit l'habit religieux avec Hélène Mercier. Une proche parente de Marie de Petiot, Anne Descordes de Gry, imita bientôt leur exemple, et la Communauté des Sœurs Hospitalières de Saint-Alexis se trouva constituée, 1657-1659. »

La fondation de la nouvelle communauté fut particulièrement secondée par l'évêque de Limoges, Mgr François de La Fayette, l'abbé de Maledent de Savignac et M. Morel de Fromental. Leurs efforts s'unirent, à la même époque, à ceux des consuls de Limoges, pour obtenir la création d'un hôpital général réunis-

(1) V. ouv. cité, p. XX.

sant en un seul établissement les hôpitaux de Saint-Gérald, Saint-Martial, Saint-Jacques et de la Maison-Dieu. Sur les démarches pressantes de l'Evêque de Limoges, on obtint du roi, en décembre 1660, les lettres patentes nécessaires autorisant la fondation de l'hôpital général de Limoges.

Les nouvelles religieuses de Saint-Alexis s'y consacrèrent entièrement au soulagement des pauvres et des malades, et s'y firent rapidement une place prépondérante (1).

*
* *

Marie-Madeleine dite surtout Marie-Joséphine Dalesme de Salvanet était fille de messire Yrieix Dalesme ou d'Alesme de Salvanet, écuyer, seigneur de Salvanet, Pouzol, la Judie et autres lieux (paroisse de St-Priest-Taurion), puis baron de Châtelus-le-Marcheix, président trésorier général de France au bureau des finances de la généralité de Poitiers, et de dame Marie Vidaud du Dognon.

Ses grands parents paternels étaient autre Yrieix Dalesme de Salvanet, seigneur de Salvanet, conseiller du roi et son avocat au siège présidial de Limoges, et dame Marie Dorat.

Du côté maternel, elle était petite-fille de messire Jean Vidaud du Dognon, écuyer, chevalier, seigneur comte du Dognon, qui fut baron de Brignac et de Murat, seigneur du Carrier, Bosviger, St-Priest-Taurion, Lamberterie, Aigueperse, Pommeret, Lorny, Launet, etc., conseiller du roi, lieutenant particulier aux sièges présidial et sénéchal de Limoges, lieutenant général d'épée du Limousin, chevalier de l'ordre de St-Lazare de Jérusalem et de N.-D. du Mont-Carmel ; sa grand'mère était Anne de la Farge, fille du seigneur de Pommeret, paroisse d'Aubeville, en Angoumois (2).

Elle naquit dans la rue Croix-Neuve (aujourd'hui rue Adrien-Dubouché) sur la paroisse de St-Michel-des-Lions de Limoges, le 17 décembre 1725, et fut baptisée par l'abbé Perière de Proximart, vicaire. Elle eut pour parrain messire Gratien de Montalembert, écuyer, seigneur de Montbeau en Agénois, lieutenant-colonel du Régiment de Béringant, son oncle, et pour marraine

(1) P. Laforest. — *Limoges au 17e siècle. Vie de Marie de Petiot*, p. 404.

(2) V. notre étude sur *Les armoiries de Jean Vidaud, comte du Dognon* (*Bull. de la Soc. Arch. et Hist. du Limousin*, t. LX.)

dame Marie Dorat, épouse d'Yrieix Dalesme de Salvanet, son aïeule (1).

Mlle de Salvanet appartenait donc à une famille de vieille souche limousine où l'on comptait, depuis longtemps, de nombreux hommes distingués dans le clergé, la magistrature, l'armée, le consulat et le commerce.

Son grand-père Yrieix avait été pourvu de la charge de conseiller et avocat du roi au siège présidial de Limoges le 15 avril 1680. Sa réception au parlement avait eu lieu le 5 juin et son installation au présidial le 12 du même mois (2). Non seulement il s'occupait fréquemment, en sa qualité d'avocat au présidial, des affaires temporelles des dames religieuses de St-Alexis, où entra une de ses filles en 1723, mais nous le trouvons encore, dès le mois de septembre 1671, administrateur de l'hôpital général avec MM. de Douhet, de Verthamont, du Boys, Blondeau, etc. (3).

C'est en cette qualité d'administrateur qu'il donna quittance à Pierre de Petiot, sieur du Masboucher, le 31 mars 1673, de 187 livres (4).

L'intérêt qu'il portait à cet établissement charitable lui fit choisir pour parrain et marraine d'un de ses fils, au mois d'octobre 1688, deux pauvres de l'hôpital général.

Il assista, le 23 janvier 1685, au mariage de Joseph du Boys et de Barbe Morel de Fromental, avec MM. de Labiche, de Maledent, Vidaud du Dognon, de Verthamont, de Chastagnac, etc., et, le 4 novembre suivant, au mariage de François Mailhot de l'Age et Madeleine de Voyon, avec MM. Martin de la Bastide, Baillot du Queyroix, Descubes de Ferrand, etc.

Le 25 avril 1713 il lui fut donné quittance devant Me Debeaubreuil, notaire, par les administrateurs de l'hôpital alors en fonctions, de 10.000 livres montant du legs fait à l'hôpital par feu Maurice Pradelas, prêtre, grand vicaire de l'Eglise de Limoges, et dont M. de Salvanet était héritier testamentaire (5).

Autre Yrieix Dalesme de Salvanet, fils du précédent, et père de la future supérieure de Saint-Alexis, avait épousé, en 1722, Ma-

---

(1) *Reg. par. de St-Michel-des-Lions de Limoges.*

(2) *Calendrier ecclésiastique et civil du Limousin* (année 1783, p. 95).

(3) P. Laforest. — *Limoges au 17e siècle.* Martial de Maledent de Savignac, p. 497.

(4) *Arch. dép. de la Hte-Vienne*, B. 29.

(5) *Arch. dép. de la Hte-Vienne. Fonds des Notaires.*

rie Vidaud du Dognon. Il obtint, la même année (10 juillet 1722), ses lettres de provision de trésorier de France au bureau des finances de Poitiers. Il eut ses lettres d'honneur le 18 avril 1743 (1). Une de ses sœurs, Françoise Dalesme de Salvanet, avait aussi épousé, la même année que lui (9 février 1722), Simon de Gay de Vernon, seigneur de Vernon et de Chauvent.

La mère de Mlle de Salvanet, Marie Vidaud du Dognon, qui était née en 1690, avait épousé en premières noces, en 1710, Michel-Martial de Loménie, écuyer, seigneur de Proximart et du Clos, conseiller du roi et lieutenant particulier en la sénéchaussée et siège présidial de Limoges. Elle en avait eu deux enfants : Marie-Anne de Loménie, religieuse à l'abbaye de la Règle, et Léonard-Martial de Loménie, écuyer, officier de marine, qui vendit sa terre de Proximart, paroisse de Panazol, à Jean Colomb, en 1743 (2).

Son second mariage avec Yrieix Dalesme de Salvanet avait eu lieu suivant contrat devant Me Estienne, notaire à Limoges, du 6 novembre 1722 (3).

Elle avait aussi de nombreux frères et sœurs.

Citons :

Jean Vidaud du Dognon, l'aîné, écuyer, seigneur baron de Murat et de Brignac, né en 1676, assassiné à Limoges, le 7 mars 1710 et inhumé à St-Pierre-du-Queyroix. Il avait épousé Mlle de Legaret du Mont, fille de Henri de Legaret, seigneur de l'Age du Mont (4).

Mathieu Vidaud du Dognon, écuyer, tué au siège de Nice en 1705-1706.

Jean Vidaud du Dognon, cadet, écuyer, chevalier, seigneur comte du Dognon, baron de Brignac, de Murat et du Ris-Chauveron, seigneur du Carrier, Bosviger et autres lieux, né à Limoges, en 1680, qui parvint aux plus hautes dignités militaires. On le trouve colonel du Régiment de Sansay Infanterie (1710), brigadier des armées du roi et son lieutenant en la province de Flandre, chambellan du duc de Berry (1720), lieutenant du roi pour le Haut-Limousin (par lettre du 15 octobre 1731), gouverneur des

---

(1) A. Bonvallet. — *Mémoires de la Société des antiquaires de l'Ouest*, tome VI, p. 362.

(2) *Arch. dép. de la Hte-Vienne. Fonds des notaires.*

(3) *Arch. dép. de la Hte-Vienne. Fonds des notaires.*

(4) La baronne de Murat et de Brignac, devenue veuve, épousa Jean-Jacques de Douhet, chevalier, seigneur du Puymoulinier, Le Palais et Panazol (Nadaud. *Nobil. du Lim.*, tome II, p. 23 ; tome III, p. 492).

ville et château de Brest et commandant pour le roi en Bretagne (1733), etc., chevalier de St-Lazare et de l'ordre royal et militaire de Saint-Louis. De son mariage avec Marie Chauvet, il n'eut qu'une fille qui épousa François Rémond, marquis de Montmort, lieutenant général des armées du roi (1).

Autre *Jean* Vidaud du Dognon, écuyer, seigneur de Lamberterie, près St-Léonard, Pommeret, Lorny et Launet, en Angoumois, né à Limoges, en 1684. Il épousa Marguerite Salmont et continua la descendance des Vidaud du Dognon, encore existante en France et en Amérique où une branche est demeurée depuis l'émigration (2).

Barbe, religieuse de l'ordre de Sainte-Claire, née en 1686.

Françoise, qui épousa : 1°, en 1695, Antoine de Royère, écuyer, baron de Brignac, seigneur de Beaudebuit, le Château, le Pont-de-Noblat, etc. ; 2°, en 1709, Joseph du Peyrat, écuyer, baron de Thouron, seigneur du Vigenal (3).

Anne, qui épousa : 1°, en 1709, Pierre de Creuzenet, écuyer, seigneur de Burgnac (près Nexon) et des Farges ; 2°, en 1722, Gratien de Montalembert, chevalier, seigneur de Montbeau, chevalier de Saint-Louis, lieutenant-colonel de cavalerie (4).

Donc, les trois filles du comte du Dognon convolèrent toutes en secondes noces, une fois veuves. Ce qui confirme ce principe bien connu, qu'il était de très bon ton dans la haute société, aux siècles passés, de ne pas prolonger trop longtemps l'état de viduité.

Comme on le voit, les relations de parenté de Mlle de Salvanet s'étendaient nombreuses et choisies. Elles semblaient la désigner tout naturellement pour un brillant mariage qui lui eut permis

---

(1) Cf. *Le comté du Dognon en la Marche et ses seigneurs*, par le baron de Corbier (1907). Cf. *Les armoiries de Jean Vidaud, comte du Dognon* (ouv. cité, p. 47).

(2) C'est à la descendance de cette branche qu'appartient le colonel de cavalerie André de Masfrand (Libourne).

(3) Françoise Vidaud du Dognon eut du premier lit Jeanne de Royère de Brignac qui épousa, en 1714, Marc-Antoine de Villoutreys, écuyer, seigneur de la Judie, auteurs des de Villoutreys de Brignac existant encore. Du second lit vinrent : Louise et Marie du Peyrat, religieuses, et Jean, écuyer, baron de Thouron.

(4) Anne Vidaud du Dognon eut du premier lit Louise de Creuzenet de Burgnac qui épousa, en 1728, François-Léonard de Bony, écuyer, seigneur marquis de Lavergne et des Egaux. Du second lit vinrent : Gratien de Montalembert et Jeanne de Montalembert mariée, en 1748, à François-Emmanuel de Cardaillac.

de tenir un jour sa place et son rang parmi les dames de la noblesse de la province. Dieu en avait décidé autrement.

*
* *

Marie-Joséphine fut confiée de bonne heure aux mains de pieuses religieuses qui veillèrent sur elle d'une façon toute spéciale et en firent une jeune fille instruite et d'une éducation particulièrement soignée.

Cette tâche délicate fut assumée très vraisemblablement par les dames de l'abbaye de la Règle qui avaient comme élèves un grand nombre de jeunes filles nobles de la région. Sa sœur utérine, Mlle de Loménie du Clos, fille du premier mariage de sa mère, devait d'ailleurs entrer sous peu comme religieuse à la Règle, tandis que Mlle du Peyrat de Thouron, sa cousine germaine, y était déjà (1).

Les conseils qui furent donnés à la jeune enfant par les personnes autorisées, notamment par ses parentes religieuses qui n'étaient pas sans remarquer sa piété et son humilité particulières, eurent certainement sur elle une influence très grande dans le choix de sa vocation. A Limoges, elle passait de longues heures en prières, chez les religieuses qui l'in-truisaient, et lorsqu'elle était à la campagne, chez ses parents, il fallait l'arracher au silence et au recueillement de la vieille chapelle domestique de Salvanet.

Plusieurs jeunes filles de la proche famille de la future supérieure de St-Alexis étaient, en effet, entrées en religion. Parmi elle nous pouvons signaler :

Anne d'Alesme, abbesse et supérieure de Sainte-Claire, en novembre 1679.

Barbe Vidaud du Dognon, sœur de sa mère, née en 1686, religieuse de Sainte-Claire, dont elle devint supérieure.

Louise du Peyrat de Thouron (fille d'une sœur de sa mère) qui fit sa profession religieuse à l'abbaye de la Règle, en 1728.

Marie du Peyrat de Thouron, sœur de la précédente, religieuse de Ste-Claire, qui fit profession en 1737.

Marie Dalesme de Salvanet, sa tante paternelle, religieuse de St-Alexis, qui fit profession le 20 octobre 1725 et décéda le 8 mars 1740.

(1) *Arch. Dép. de la Hte-Vienne*, G. 373.

Marie-Anne de Loménie du Clos, sa sœur utérine, entrée à l'abbaye de la Règle, où elle fit sa profession religieuse en janvier 1739.

Enfin, sa sœur germaine, Marie-Radegonde Dalesme de Salvanet, religieuse de St-Alexis (1739).

De son second mariage avec Yrieix d'Alesme de Salvanet, Marie Vidaud du Dognon eut plusieurs enfants qui moururent prématurément, à l'exception de trois : Marie-Radegonde, Marie-Joséphine et Jean-Marie, baron de Châtelus-lé-Marcheix, dont nous parlerons plus loin.

Marie-Radegonde était née à Limoges le 1er juillet 1723 et avait été baptisée le lendemain à l'église St-Michel-des-Lions.

Entrée de bonne heure dans la congrégation des sœurs de St-Alexis, elle en prit l'habit le 28 juin 1739, peu de mois avant la mort de sœur du Saint-Sacrement (Marie Dalesme de Salvanet), sa tante, des mains de l'abbé Pichon, chanoine de l'église collégiale de St-Martial. La cérémonie eut lieu en présence de ses père et mère, de M. Gay de Vernon, son oncle, de la supérieure de St-Alexis, sœur Saint-Augustin de Lagarde, et de Louis-Urbain Aubert, chevalier, seigneur marquis de Tourny et autres lieux, conseiller du roi en ses conseils, Intendant de la Généralité de Limoges.

Elle fit sa profession religieuse le 2 juillet 1741, à 18 ans accomplis, entre les mains de M. du Peyrat de Thouron, abbé du Palais, délégué par l'Evêque de Limoges, Mgr du Coëtlosquet, qui avait eu un empêchement. Elle s'appela en religion sœur Saint-Yrieix, du prénom de son père et de son grand-père (1).

Peu de temps après la mort de Mme de Montalembert, sa tante (Anne Vidaud du Dognon), inhumée dans l'église de St-Michel le 19 février 1741 (2), Marie-Joséphine ne tarda pas à suivre l'exemple de sa sœur aînée et à entrer comme novice parmi les « Sœurs hospitalières de Saint-Alexis instituées pour le service des pauvres de l'hôpital général de Limoges ». Sa nature la portait depuis longtemps à se consacrer entièrement au soulagement des pauvres et des malades, aussi ce fut avec joie qu'elle répondit à l'appel de Dieu et qu'elle embrassa la vie religieuse, sans aucune crainte de la sévérité du Règlement de l'Ordre.

---

(1) *Arch. dép. de la Hte-Vienne.* Reg. des professions et vêtures de la communauté de St-Alexis (G. 375).

(2) *Reg. par. de St-Michel-des-Lions de Limoges.*

Elle prit l'habit de Saint-Alexis le 5 janvier 1744, des mains de Mgr du Coëtlosquet, Evêque de Limoges, en présence de son père, de sœur Saint-François Thévenin, supérieure, d'un ami, M. Mandat, et de l'Intendant de la Généralité de Limoges, Henri de Barberie de Saint-Contest de la Châtaigneraie. Elle choisit le nom de sœur Saint-Joseph :

« Aujourd'huy cinquième janvier mil sept cent quarante-quatre, demoiselle Marie Dalesme, née à Limoges dans la paroisse de St-Michel-des-Lions de Limoges, le onzième de décembre mil sept cent vingt-cinq, fille à M. Yrieix Dalesme, président trésorier de France au bureau des finances de Poitiers, seigneur de Salvanet, et de dame Marie du Dognon, son épouse, après avoir passé par les épreuves ordinaires portées par nos constitutions reçues par notre communauté, et être examinée et jugée capable par M. Servientis, vicaire général de Mgr l'Evêque de Limoges, a pris l'habit de notre congrégation qui lui a été donné par Mgr l'Evêque de Limoges, en présence de M. Dalesme, son père, et de M. Mandat, qui ont signé avec la novice, la supérieure et mon dit seigneur l'Evêque. A Limoges les jours et an ci-dessus.

Signé : Marie Dalesme dite de Saint-Joseph, sœur Saint-François Thévenin, supérieure, † J. C., Evêque de Limoges, Mandat, Saint-Contest de la Chataigneraie » (1).

Après deux ans de noviciat, le 12 janvier 1746, elle fit ainsi sa profession religieuse qui l'engageait « jusqu'à la mort » :

« Aujourd'huy ce douzième janvier mil sept cent quarante-six, demoiselle Marie Magdeleine Dalesme, fille de M. Yrieix Dalesme, président trésorier de France au bureau des finances de Poitiers, seigneur de Salvanet, et de dame Marie du Dognon, son épouse, ses père et mère, née à Limoges, paroisse de St-Michel-des-Lions, le onzième décembre 1725, après avoir passé par les épreuves des deux ans de noviciat reçue de sa communauté et dûment examinée par M. David, vicaire général, et par lui jugée capable de faire sa profession dans notre communauté de Saint-Alexis, étant âgée de vingt ans et un mois, a fait ses vœux de religion comme il s'en suit entre les mains de Monsieur l'abbé de la Vergne, prêtre et commis à cet effet par Mgr l'Evêque de Limoges.

« L'an de la Nativité de Notre-Seigneur 1746, moi Marie-Magdeleine Dalesme, dite de Saint-Joseph, fais ma profession, promets et voue de garder obéissance, chasteté et stabilité jusqu'à la mort, à Dieu, à la glorieuse Vierge Marie, à notre Père Saint-Alexis, et à

(1) *Arch. Dép. de la Hte-Vienne*, G. 375.

Mgr l'Evêque de Limoges et à ses successeurs. Fait à Limoges, dans la Communauté des Filles de Saint-Alexis, en présence de M. Yrieix Dalesme, président trésorier de France, mon père, de Marie du Dognon, ma mère, de M. Mandat, témoin à ce requis, ont signé avec moi.

Signé : Sœur Marie-M. Dalesme dite de Saint-Joseph, sœur Elisabeth David, supérieure. L'abbé de Lavergne, prêtre (1), Deloménie, prêtre. Morel de Puymarot. Graffoulière, prêtre. Dalesme, Marie du Dognon, Mandat » (2).

A cette occasion, conformément aux règles de la communauté, M. de Salvanet, son père, lui versa, à titre de « dotation religieuse » ou « constitution monacale », une somme qui s'éleva vraisemblablement à 2.200 livres.

Parmi les religieuses de Saint-Alexis qui furent les compagnes de sœur Saint-Joseph, certaines appartenaient aux meilleures familles de la société limousine.

Dans le registre des professions et vêtures de la communauté, nous relevons les noms suivants de 1740 à 1758, date de son élévation au supériorat :

Léonarde Leyssenne, fille de Jean, seigneur du Masrome, en 1740.

Marie Dépéret, en 1740.

Marie-Louise du Péroux, en 1740, en présence de Geneviève de Vassan (la future marquise de Mirabeau) et d'Anne de Ferrières de Sauvebœuf.

Marie-Anne de Royère, fille de Jean-Marc, écuyer, seigneur de Monsibre, et d'Antoinette Villonnier de Lestrade, en octobre 1745.

Françoise Vidaud du Garreau, fille de Joseph, seigneur du Garreau et de Jourgnac, et de Paule de Jayac de la Garde, en juin 1746.

Marie-Geneviève Rogier des Essarts, fille de Jean-Pierre, seigneur de Leyraud et du Buisson, lieutenant général civil et de police au siège présidial de Limoges, en 1747.

Marie-Victorine Belut, fille d'un notaire royal de Limoges, en 1747.

Marguerite Daniel du Montfayon, fille de Barthélemy, seigneur du Montfayon, et de Françoise Daniel, en avril 1748.

---

(1) Probablement l'abbé de Bony de Lavergne.

(2) *Arch. Dép. de la Hte-Vienne*, G. 375.

Marguerite de Gartempe, fille de François, avocat au Parlement, et de Jeanne de Volondat, en avril 1749.

Simone Chatenet, en avril 1755.

Françoise Disnematin de Salles, fille de Joseph, seigneur de Salles, et de Marie-Valérie Peyroche, en février 1757.

Marie Sardaint de Saint-Michel, fille de Jérôme, lieutenant des élus en l'élection de Poitiers, conseiller du roi, et de Françoise de Salmonie, en juillet 1758. (1)

Sœur Saint-Joseph se fit vite remarquer parmi les religieuses de l'hôpital par sa piété et son inlassable dévouement envers les pauvres et les malades. Dans ses rapports avec ses compagnes, tout en usant d'une très grande douceur, elle sut prendre sur elles, tout de suite, un ascendant qu'elle conserva jusqu'à la fin.

D'après une lointaine tradition à nous rapportée par des membres de sa famille, elle fut chargée, pendant un certain temps, du service de la classe et sut s'inspirer des recommandations du chapitre XXI du *Règlement de l'ordre de Saint-Alexis* :

« La sœur, chargée de la classe, fera attention à la grandeur de son employ ; que J.-C. a le premier évangélisé et catéchisé les pauvres, que c'est une des œuvres de miséricorde spirituelle qu'il préconise par-dessus toutes les autres ; ainsy, elle aura une grande douceur et patience envers les élèves qui lui sont confiées et les apprendra à lire le mieux qu'il lui sera possible. Pour cet effet, elle leur fera répéter plusieurs fois la même leçon et jus qu'à ce qu'elles se soient corrigées de leurs premières fautes, sans se ralentir jamais par le dégoût qui suit naturellement cet employ. Elle leur apprendra leur catéchisme, les élèvera à la piété, les apprendra à prier Dieu, entendre la sainte messe, faire leur examen, se confesser et se disposer pour la communion. Elle leur inspirera l'obéissance, l'amour du travail, la patience dans leurs misères et surtout la modestie qui convient si bien à leur sexe, etc. » (2).

Les trois supérieures qu'elle avait connues depuis son entrée en religion — Léonarde Thévenin (sœur Saint-François) ; Léonarde David (sœur Sainte-Elisabeth) ; Léonarde de Lagarde (sœur Saint-Augustin) ; — avaient pu constater que les grandes qualités dont elle était douée allaient en s'affermissant de jour en jour, aussi fut-elle désignée, dès le mois de juillet 1753, comme « sœur

(1) *Arch. Dép. de la Hte-Vienne*, G. 375.

(2) *Arch. Dép. de la Hte-Vienne* (Arch. hospitalières). H. suppl. [illegible] 27.

conseillère » de la communauté. On la retrouve encore investie de cette marque de confiance en avril 1755 (1).

Au mois de février 1754, survint le décès de sa tante la baronne du Peyrat de Thouron (Françoise Vidaud du Dognon), sœur de sa mère, dont les deux filles avaient pris l'habit religieux, l'une à Sainte-Claire, l'autre à l'abbaye de la Règle.

Peu de temps après, elle eut la charge de la pharmacie de l'infirmerie de l'hôpital. C'est comme « apoticaresse » qu'elle présenta ses comptes aux administrateurs, pour sa gestion de février 1756 à juillet 1757. Nous la trouvons encore, en 1758, chargée de l' « apotiquérerie » de l'hôpital (2).

*
* *

Il y eut lieu de procéder, le 27 juillet 1757, à l'élection d'une nouvelle supérieure de Saint-Alexis, et le choix se porta sur la supérieure en charge qui fut maintenue : Marguerite Daniel du Montfayon, en religion sœur Saint-Léonard, née en 1698, fille de N. Daniel, seigneur de Montfayon, en la paroisse du Châtenet-en-Dognon (3).

Cette supérieure appartenait à l'une des plus honorables familles de la ville de St-Léonard, qui avait possédé autrefois l'importante seigneurie du Muraud, et formé plus récemment les branches des Rieux, du Montfayon, de Lagasnerie, du Monteil, de Taubréjeas, de la Guérenne, etc. Cette famille porte pour armes : *d'azur, au coq d'or accompagné en chef de 2 étoiles de même et, en pointe, d'un croissant aussi de même.*

Marguerite Daniel du Montfayon ne resta pas longtemps supérieure. Elle fut rappelée à Dieu, à l'âge de 61 ans, le 21 octobre 1759, et inhumée le lendemain en présence de son parent, l'abbé Léonard Daniel de Lagasnerie, prêtre de la Mission, « dans le caveau de la communauté des sœurs de Saint-Alexis, situé dans la chapelle de Saint-Alexis de l'église de la Mission, laquelle inhumation est faite en vertu des patentes de S. M., accordées aux sœurs de Saint-Alexis, en date du 11 janvier de l'an 1754 » (4).

---

(1) *Arch. de la communauté de St-Alexis.*
(2) *Arch. Dép. de la Hte-Vienne.* H. E., 1, f°s 183, 201.
(3) *Archives de la communauté de St-Alexis.*
(4) *Registres paroissiaux de l'Hôpital Général.*

Cinq jours après, le samedi 27 octobre, les religieuses se réunirent de nouveau pour élire une supérieure et leurs voix, cette fois, se portèrent « pour la majeure partie », sur le nom de sœur Saint-Joseph. L'élection eut lieu au scrutin secret, sous la présidence de Mgr du Plessis d'Argentré, Evêque de Limoges, assisté de ses deux vicaires généraux, MM. de Servientis et Romanet.

Aussitôt après, eut lieu la touchante cérémonie de la confirmation par l'évêque, et de l'obédience par les religieuses, en conformité du chapitre XII du *Règlement* de l'ordre de Saint-Alexis, ainsi conçu :

« Si une des sœurs a la majeure partie des suffrages, elle sera supérieure, et celuy qui préside la fera mettre à genoux pour recevoir la confirmation, après quoy elle ira s'asseoir à la place de la supérieure, et toutes les sœurs iront, par ordre et en silence, la reconnaître pour supérieure, en l'embrassant » (1).

Ce procès-verbal fut alors rédigé :

« Aujoud'huy vingt-sept octobre 1759, estant capitulairement assemblées au son de la cloche en la manière accoutumée, en présence de Mgr l'Evêque de Limoges et de M. de Servientis, de M. Romanet, grand chantre de Saint-Etienne, tous les deux vicaires généraux, ayant procédé à l'élection d'une supérieure, a esté nommée par la majeure partie des suffrages des sœurs de la communauté, la sœur Dalesme de Saint-Joseph pour supérieure, laquelle a esté confirmée supérieure par Mgr l'Evêque de Limoges, dont a esté fait le dit acte dans la salle de communauté et assemblée, et signé à Limoges, le vingt sept octobre 1759.

« *Signé* : † L. C. Evêque de Limoges. Romanet, grand chantre, vicaire général. Servientis, vicaire général. Sœur Dalesme de Saint-Joseph, supérieure. Sœur Saint-François Thévenin, assistante. Sœur Saint-Martial Dartigeas, conseillère » (2).

La première cérémonie de prise d'habit que la nouvelle supérieure présida dans sa communauté, eut lieu le 13 avril 1760, quelques mois seulement après son élection. L'habit de Saint-Alexis fut donné à Marie-Thérèse Malevergne de Fressiniat, âgée de 20 ans et demi, fille d'Antoine, conseiller du roi, agrégé au collège de médecine de Limoges, et de Marie Michel, par l'abbé

(1) *Arch. Dép. de la H.-V.* H. suppl. F. 27.

(2) *Archives de la communauté de St-Alexis.*

Georges Ardant, bachelier de Sorbonne, chanoine de l'église de Limoges et curé de Saint-Maurice de la Cité, en présence de deux administrateurs : Martial Goudin, écuyer, seigneur de la Borderie, et Jacques Pétiniaud, bourgeois et marchand de Limoges (1).

Dans les derniers mois de l'année 1760, Marie Joséphine eut la douleur de perdre sa sœur aînée, Marie-Radegonde — en religion sœur Saint-Yrieix — qui faisait partie de la communauté de Saint-Alexis depuis 21 ans et qui fut rappelée à Dieu le 14 octobre.

Elle trouva une consolation dans la prière et dans le bonheur qu'elle éprouvait à l'arrivée des jeunes novices.

Elle assista aux prises d'habit et professions religieuses des sœurs de sa communauté, depuis le 13 avril 1760, date de la prise d'habit de Mlle Malevergne de Fressiniat, jusqu'au 5 juillet 1789, date de la profession de Mlle d'Albiac de Mardaloux.

Pendant son supériorat, de nombreuses jeunes filles de Limoges et des environs entrèrent à Saint-Alexis. L'Evêque de Limoges assista en personne à plusieurs cérémonies.

Parmi elles : Mlle des Hayettes de Clairval, fille du trésorier des armées au département du Limousin, en 1763 ; Mlles Chastenet et Begougne ; Mlles Marie et Valérie Boulaud, filles de François Boulaud, conseiller du roi, greffier en chef de la monnaye de Limoges, sœurs de l'abbé Martial Boulaud, curé de Pierre-Buffière ; Mlles Poujaud de Nanclas, Gay de Lage du Pallant, Beaure du Rieupeyroux, etc.

Les novices étaient alternativement interrogées et l'habit religieux donné par l'abbé Antoine de Léonard de Fressanges, docteur en Sorbonne, chanoine de Saint-Martial, curé de St-Michel-des Lions ; l'abbé de Beaupré, vicaire général et official du diocèse ; M. de Montesquiou, abbé de Saint-Martial ; M. de Maussac, vicaire général du diocèse ; M. de Voyon, supérieur de la Mission ; M. de Pradel, grand vicaire de l'évêque ; M. Faulte du Puydutour, prévôt de Saint-Martial ; M. Veyrier de Maleplane, curé de St-Léonard ; M. de Romanet, doyen de la cathédrale et vicaire général ; l'abbé Lamy de Luret, etc. (2).

Vers l'année 1765, divers tempéraments furent apportés aux règlements successifs de la communauté et plusieurs adoucissements à leur rigidité première furent peut-être tolérés. Nous en trouvons l'écho dans *l'Inventaire des Archives Hospitalières de*

(1) *Arch. Dép. de la Hte-Vienne.* G. 375.
(2) *Arch. Dép. de la Hte-Vienne.* G. 375.

Limoges, antérieures à 1790, publié par M. A. Leroux, archiviste de la Haute-Vienne (1).

L'auteur anonyme d'un libelle avait formulé diverses accusations contre les religieuses de Saint-Alexis. La réponse faite de la main même de la Mère Supérieure de Salvanet, le 9 décembre 1765, mit au point chacune des accusations qui, à ses yeux, ne méritaient aucune considération.

Ainsi, en ce qui concerne les bagues que les sœurs étaient accusées de porter, la supérieure répondit : « Je n'en connais que « deux à qui on en a vu. C'est moi qui ai la plus brillante. C'est « un anneau sur lequel est monté un crucifix. Je n'ai pas cru « qu'il y ait eu de mondanité à porter une bague de cette es- « pèce ».

Au sujet du reproche adressé aux sœurs d'avoir des portraits dans leurs chambres, voici la réponse : « Il y en a deux qui « en ont. L'une est la sœur de Clairval qui a le portrait de M. son « père, que sa famille luy a confié. Il y a le mien dans une au- « tre chambre particulière, que quelques-unes de mes sœurs ont « fait tirer à mon insçu. J'ai cru qu'il était plus décent de le « laisser dans une chambre que de le placer dans la salle. On « m'aurait reproché de l'amour-propre si j'avais eu cette com- « plaisance » (2).

Sous son supériorat, mère Dalesme de Salvanet termina par une transaction amiable un long procès entre les sœurs de Saint-Alexis et les prêtres de la Mission de Limoges, au sujet de la propriété de la petite chapelle appartenant aux sœurs, bâtie en annexe de l'église de la Mission, laquelle église, devenue elle-même chapelle de l'hôpital, a été désaffectée, puis démolie en 1908 (3).

Par contrat du 5 novembre 1665, les dames de Saint-Alexis avaient, en effet, acquis de Martial de Maledent, seigneur de Savignac et de Meilhac, un emplacement autrefois en vigne, contenant quatre journaux, confrontant notamment à l'église de la

---

(1) *Arch. Dép. de la Hte-Vienne.* H., suppl. F. 28.

(2) *Arch. Dép. de la Hte-Vienne*, G. 724.

(3) Le rétable de l'église, classé parmi les objets historiques, a été transporté dans la chapelle du Lycée au mois de novembre 1907. L'église, dont la toiture s'était presque totalement effondrée pendant les hivers 1905 à 1907, fut démolie par les soins de la ville en février-mars 1908. On a construit depuis, sur son emplacement, la chapelle actuelle de l'hôpital.

Quant à la chapelle privée des sœurs de St-Alexis, elle fut construite en 1861-1862.

Mission, au chemin allant de Saint-Gérald au Séminaire et à la Croix Verte. Sur cet emplacement, les religieuses avaient bâti une modeste chapelle et établi leur caveau de sépulture. Cette chapelle, ainsi que nous venons de le dire, formait encore, en 1908, une sorte de collatéral de celle de l'hôpital.

Après diverses transactions au sujet de la propriété de cette chapelle, transactions adoptées d'une façon plus ou moins complète, en 1698, par les Sœurs, d'une part, et les Prêtres, de l'autre, survint, en fin de compte, un procès en 1740-1742.

Le procès suivait son cours, lorsque Mgr du Plessis d'Argentré, Evêque de Limoges, fit observer à toutes parties « que leurs contestations étaient mal séantes à leur état de charité, qu'elles ne composaient, pour ainsi dire, qu'un même corps, les deux communautés s'étant vouées au service des pauvres, et que, pour s'en acquitter avec plus de fruit, elles devaient cimenter une union entre elles et terminer leurs discussions d'intérêts par la médiation de leur conseil ».

La mère supérieure se rangea à l'avis de son évêque et en prévint les Prêtres de la Mission. L'un d'eux, l'abbé Lenoir, lui répondit par le billet suivant :

« Dès que j'ai eu prévenu, Madame, Monsieur notre supérieur, que vous vouliez que l'on fît les choses à l'amiable, tous nos Messieurs se sont offerts de bonne grâce. J'en suis fort aise. J'ai l'honneur d'être votre serviteur très humble. *Signé* : H. Lenoir ».

C'est alors qu'une transaction intervint le 4 avril 1769, suivant acte reçu par Me Fournier, conseiller du roi, doyen des notaires de Limoges.

Les personnes qui comparurent dans cet acte furent : « Révérendes Dames Dalesme de Saint-Joseph, religieuse supérieure de la communauté des sœurs hospitalières de Saint-Alexis du dit Limoges ; Thévenin de Saint-François, assistante ; Belut de Saint-Etienne, conseillère ; Fournier de Saint-Mathieu, aussi conseillère ; Dartigeas de St-Martial ; Beaubreuil de Saint-Michel ; Garnier de Sainte-Claire ; Moulinier de Saint-Benoit ; Chatenet de Saint-Jean ; Belut de Saint-Martin ; Chatenet des Anges ; Disnematin de Saint-Denis ; Malevergne de Saint-Henry ; Parent de Sainte-Elisabeth ; Labiche de Saint-Pierre ; De Clerval de Saint-Jérôme et Barbou de la Présentation, toutes religieuses composant la dite communauté, assistées de M. Grellet, écuyer, leur scindic temporel, faisant tant pour elles que pour celles qui leur succéderont en la dite communauté, d'une part ;

« M. Joseph Devoyon, prêtre, ancien chanoine de l'église du dit Limoges, supérieur du séminaire de la Mission de la dite ville, et Messieurs Jean Cabanis, Pierre-Jacques Goursaud et Pierre de la Bachellerie, scindic, tous prêtres, conseillers composant la majeure partie du conseil du dit séminaire, faisant tant pour eux que pour Messieurs les autres prêtres et ceux qui leur succéderont, d'autre part ».

Il fut convenu entre les intéressés que les sœurs de Saint-Alexis, en renonçant à la propriété de leur chapelle adossée au mur de l'Eglise de la Mission, en conserveraient cependant l'usage, ainsi que leur droit de sépulture dans les tombeaux qui s'y trouvaient et qui leur appartenaient.

Cette transaction fut signée au palais épiscopal de Limoges par l'Evêque, Mgr du Plessis d'Argentré, la Supérieure et les religieuses de Saint-Alexis et les prêtres de la Mission.

Elle fut homologuée par Mgr d'Argentré, le 10 avril 1769. L'Evêque décida, en même temps, sur la demande de la Mère Supérieure, qu'il serait placé dans l'église de la Mission un banc à l'usage particulier des sœurs. « Nous ordonnons, dit l'Evêque, que le dit banc aura 29 pieds de long sur 6 pieds et demy de large hors d'œuvre ou environ, divisé en six rangs différents avec un siège, leur accoudoir et une porte fermant à clef à chacun des dits rangs, et qu'il sera placé tout le long du mur qui sépare l'Eglise de la chapelle de Saint-Alexis, en dedans de la dite église depuis l'arcade de la dite chapelle jusqu'à la porte d'entrée d'icelle ». (1)

*
* *

Une double et cruelle épreuve attendait bientôt sœur Dalesme de Saint-Joseph.

Pendant l'automne de 1768, ses parents, âgés et souffrants, résolurent, l'un et l'autre, de mettre en règle leurs affaires temporelles et de prendre leurs dispositions testamentaires. Ils mandèrent Me Tanchon, avocat, et Me Fournier, conseiller du roi, doyen des notaires de Limoges, leurs conseils et amis, rédigèrent chacun leur testament, le même jour, et le remirent au notaire.

L'intérêt de ces deux pièces nous engage à les analyser brièvement :

---

(1) *Archives de la communauté de St-Alexis.*

Les deux testaments sont datés du 24 octobre 1768, et sont faits en la forme mystique.

. Par son testament, Yrieix Dalesme, écuyer, chevalier, seigneur de Salvanet, témoigne le désir d'être enseveli dans l'église de la paroisse où il décédera, avec les honneurs et prières ordinaires.

Il lègue 1.000 livres aux pauvres de l'hôpital général (1), payables après son décès, et fait divers legs à ses domestiques.

Il déclare qu'il existe deux enfants vivants, nés de son union avec Marie Vidaud du Dognon, sa « chère épouze » :

Marie, religieuse de Saint-Alexis ;

Jean, *aliàs* Jean-Marie, chevalier, seigneur de Châtelus.

Il explique que, lors de la profession de sa fille Marie, il a payé sa constitution et autres frais ; en plus de cela, il lui donne et lègue, pour le droit de légitime à prétendre dans sa succession, la somme de 6.000 livres après son décès.

Il lègue à Léonard Dalesme de Châtelus, son petit-fils, fils aîné de Jean Dalesme de Châtelus et de feu Anne Garat de Nedde, son épouse en premières noces, la somme de 10.000 livres.

Il institue JeanDalesme de Châtelus, son fils pour son héritier général et universel.

Il lègue à Marie Vidaud du Dognon, sa femme, l'usufruit de son hérédité et reconnaît qu'il a reçu d'elle, pendant son mariage, la somme de 15.000 livres.

De son côté, Marie Vidaud du Dognon, par son testament, désire qu'après son décès, une somme de 500 livres soit employée en célébration de messes pour le repos de son âme.

Elle lègue 500 livres aux pauvres de l'hôpital général, payables après son décès.

Elle déclare que de son premier mariage avec feu M. de Loménie, lieutenant particulier au présidial de Limoges, existe une fille, dame Marie de Loménie, religieuse à l'abgaye de la Règle. Elle lui lègue 60 livres de rente viagère en plus de celle de 40 livres dont elle jouit déjà.

De son deuxième mariage avec Yrieix Dalesme de Salvanet, chevalier, seigneur de Salvanet, elle a eu deux enfants vivants : Marie, religieuse de Saint-Alexis, et Jean, écuyer, seigneur de Châtelus.

---

(1) Le nom d'Y. Dalesme de Salvanet et celui de sa femme figurent sur la plaque de marbre des bienfaiteurs de l'hôpital, apposée récemment. Des erreurs et des oublis ont malheureusement été commis en rédigeant la liste des noms.

Elle fait donation à sa fille Marie de la somme de 6.000 livres pour tous droits de légitime dans sa succession, payable après son décès, y compris la part et portion pouvant lui revenir dans sa terre du Couret, par la disposition de la coutume de l'Angoumois, où est située la dite terre.

Elle explique qu'elle a constitué une somme de 10.000 livres à M. Dalesme de Châtelus, son fils, lors de son premier mariage avec Mlle Garat de Nedde, la dite constitution confirmée à l'occasion du deuxième mariage de son fils avec Mlle de Pichard de l'Eglise au Bois, demoiselle de Villemonteix.

Elle reconnaît que M. Dalesme de Salvanet, son mari, a dépensé une somme de 20.000 livres pour liquider sa terre du Couret ; elle l'autorise, par suite, à retenir cette somme sur ses biens propres.

Enfin, elle institue pour héritier universel Léonard Dalesme de Châtelus, son petit-fils, fils aîné de Jean et de feu dame Garat de Nedde. (1)

Marie Vidaud du Dognon ne vécut pas longtemps après avoir fait son testament. Elle mourut le 30 novembre 1771, dans la maison de la rue Croix-Neuve, qu'elle habitait sur la paroisse de Saint-Michel-des-Lions, et fut inhumée, le lendemain, dans les tombeaux que sa famille possédait dans l'église de Saint-Michel.

Voici son acte d'inhumation :

« Le premier décembre mil sept cent soixante-onze a été inhumée dans cette église et dans les tombeaux de famille, situés vis-à-vis l'autel du Crucifix, dame Marie Vidaud du Dognon, dame de Saint-Gervais, veuve de messire Michel de Loménie du Clos, lieutenant particulier aux sièges de cette ville, épouse en secondes noces de messire Yrieix Dalesme, écuyer, seigneur de Salvanet et de Châtelus, décédée hier, dans sa maison sise rue Croix-Neuve, âgée d'environ quatre-vingt-deux ans, et ce en présence de messieurs les parents qui ont signé avec nous :

« *Signé au registre :* Dalesme de Châtelus. Pabot de Chavaignac, de Fressanges, curé de St-Michel-des-Lions » (2).

Le lendemain des funérailles, le 2 décembre, il fut procédé par M Fournier, notaire royal, à l'ouverture de son testament. Le notaire se transporta rue Croix-Neuve, au domicile de M. de Salvanet.

(1) *Arch. Dép. de la Hte-Vienne. Fonds des Notaires.*

(2) *Reg. par. de Saint-Michel-des-Lions.*

L'ouverture du testament fut requise par messire Jean-Marie Dalesme, écuyer, seigneur de Châtelus, et dame Marie Dalesme, religieuse supérieure de la communauté de Saint-Alexis, enfants du dit seigneur de Salvanet, du consentement et en la présence de ce dernier.

Les requérants prirent connaissance du testament de leur mère, lequel était « couzu de trois côtés avec une soie de couleur de roze et cacheté du sceau aux armoiries du dit seigneur de Salvanet, en quatre différents endroits sur cire rouge brûlante. »

Dans ce procès-verbal d'ouverture M. de Salvanet renonça à l'effet de la reconnaissance de 20.000 livres faite en sa faveur par sa femme. Cette renonciation fut acceptée par les deux enfants (1).

Trois mois après, Yrieix Dalesme de Salvanet s'éteignit à son tour, dans la nuit du 5 au 6 mars 1772. Le même jour, Me Fournier, notaire, procéda aussi à l'ouverture de son testament, dans la maison de la rue Croix-Neuve, à la requête de messire Jean-Marie Dalesme, chevalier, seigneur de Salvanet, de la baronnie de Châtelus et du Couret, fils du défunt.

Le testament fut « trouvé dans une cassette étant dans son cabinet ». Il était « cousu de trois côtés avec une soie rouge et cacheté en quatre différents endroits sur cire rouge brûlante du cachet aux armoiries du dit feu seigneur de Salvanet » (2).

Yrieix Dalesme de Salvanet fut inhumé le 7 mars, dans ses tombeaux de l'église Saint-Michel-des-Lions, auprès de sa femme :

« Le septième mars mil sept cent soixante douze a été inhumé dans cette église et au bas de l'autel du Crucifix messire Yrieix Dalesme de Salvanet, écuyer, seigneur de Châtelus, veuf en secondes nopces de dame Marie Vidaud du Dognon, décédé hyer dans sa maison rue Croix-Neuve, âgé de soixante-quatorze ans. Ont assisté à son inhumation messieurs les parents soussignés :

« *Signé au Registre :* Dalesme de Châtelus. Noalhié des Bailes. Périnaud, vicaire » (3).

La prière et les occupations nombreuses inhérentes à sa charge de supérieure absorbèrent entièrement les journées de sœur Saint-Joseph et furent pour elle une salutaire diversion.

---

(1) *Arch. Dép. de la Hte-Vienne. Fonds des Notaires.*
(2) *Arch. Dép. de la Hte-Vienne. Fonds des Notaires.*
(3) *Reg. par. de St-Michel-des-Lions de Limoges.*

Obligée d'en référer, pour tout ce qui touchait sa communauté, à son supérieur direct, l'Evêque de Limoges, elle échangeait avec lui une fréquente correspondance. Dans le registre des lettres écrites par Mgr d'Argentré, commençant au 27 avril 1781, on en relève plusieurs que le prélat lui adressait de l'abbaye royale de Vaux de Cernay, dont il était abbé commendataire, le 22 août 1781, 13 septembre 1783, etc... (1)

Préoccupée sans cesse de ses chers malades et de ses pauvres, elle ne pensait qu'à leur être utile et à faire du bien autour d'elle. C'est pourquoi, lors de la prise d'habit de Catherine Filhâtre (2) (20 mai 1787), M. l'abbé Pierre Dumontet-Lambertie, rédacteur à la *Feuille hebdomadaire de la Généralité de Limoges* (3), dans son discours de vêture prononcé à la chapelle de l'hôpital le lundi de la Pentecôte, fit l'éloge de la supérieure, et put très justement s'exprimer ainsi en s'adressant à la nouvelle religieuse :

« Ah ! mes chères sœurs, entrez avec courage dans la carrière qui vous est ouverte, et, si vous aviez besoin d'exemple pour vous y soutenir, je vous proposerais celui qui est sous vos yeux : la vie active et édifiante de celle qui, depuis plus de 30 ans, est à la tête de cette Maison, qui l'éclaire de sa vigilance et l'aide de ses bienfaits ; je vous dirais de lui demander si l'on se lasse de faire le bien, si elle ne le fait pas chaque jour avec un nouveau plaisir, et si cette jouissance n'est pas la seule que son âme savoure avec volupté ».

*
* *

Mère Dalesme de Salvanet s'intéressa également d'une façon toute spéciale aux différents événements touchant sa famille et particulièrement ses neveux, les enfants du baron de Châtelus, son frère.

Elle n'avait plus que ce frère, Jean-Marie, de huit ans plus jeune qu'elle et qui était titré : « écuyer, chevalier, seigneur de Salvanet, le Picq, le Couret, Beynac et autres places, baron de

---

(1) *Archives de l'Evêché de Limoges.*

(2) Catherine Filhâtre (sœur Saint-Augustin) avait fait profession à Saint-Alexis en 1789. S'étant trouvée un peu plus compromise que ses compagnes, elle fut arrêtée et emprisonnée pendant la Révolution. Elle fut élue supérieure de sa communauté en 1805. (P. Laforest, *Limoges au 17e siècle*, p. 435).

(3) C. f. la *Feuille* du 13 juin 1787.

Châtelus-le-Marcheix ». Il avait épousé en premières noces, en 1760, Anne-Marie-Marguerite Garat de Nedde, fille de Laurent-Raymond Garat de Nedde, écuyer, seigneur marquis de Nedde, la Villeneuve au Comte et Beauvais, et en avait eu trois enfants morts jeunes. Il s'était uni, en secondes noces, en 1766, avec Anne-Françoise de Pichard de l'Eglise au Bois, demoiselle de Villemonteix, fille de Charles, écuyer, seigneur comte de Villemonteix, seigneur de la Cour et autres lieux, et de Catherine de Châteauneuf de Saint-Pardoux ; petite-fille de Jean de Pichard de l'Eglise au Bois, chevalier, seigneur comte de Villemonteix, seigneur de Montsergue, Châtelus, la Cour, lieutenant-colonel du régiment de Toulouse Infanterie, chevalier de Saint-Louis, et de Catherine de Lasteyrie du Saillant. Il devait laisser de ce second mariage une nombreuse postérité.

Au mois d'août 1768, sœur Saint-Joseph fut priée par son frère d'être marraine d'un de ses neveux, né au château de Salvanet le 25 août 1768. L'enfant fut baptisé le 26 août par l'abbé Segond, curé de Saint-Priest-Taurion. Il reçut les prénoms de Germain-Alexis. Son parrain fut Germain de Pichard de l'Eglise au Bois, écuyer, seigneur de Villemonteix, son oncle. Sa tante lui donna le prénom d'Alexis, le patron de sa communauté. Elle avait fait le voyage de Salvanet, où s'était passée son enfance, pour assister à la cérémonie du baptême. (1)

Elle fut encore marraine d'une de ses nièces, Marie-Thérèse-Joséphine, née à Limoges le 23 janvier 1775 (2), baptisée le 26 à Saint-Michel-des-Lions. Le parrain était un parent, Jean de Bony, écuyer, marquis de Lavergne, seigneur des Egaux, Tarn et autres lieux (3), représenté par Simon de Chauveron, écuyer, seigneur de Jourgnac, exempt des gardes du roi, chevalier de Saint-Louis. (4).

Sœur Saint-Joseph avait toutefois une prédilection marquée pour sa nièce aînée, autre Marie-Thérèse-Joséphine, née au château de Salvanet le 11 janvier 1770. L'enfant avait eu pour par-

---

(1) *Reg. par. de St-Priest-Taurion.*

(2) Elle épousa, en 1796, Marc-Antoine de Gentil, ci-devant écuyer, seigneur de Brutines et autres lieux.

(3) Le marquis de Bony de Lavergne était cousin issu de germains de la baptisée. Sa mère, Louise de Creuzenet de Burgnac, marquise de Bony (fille d'Anne Vidaud du Dognon), était cousine germaine de Jean-Marie Dalesme de Salvanet, baron de Châtelus.

(4) *Reg. par. de St-Michel-des-Lions, de Limoges.*

rain Joseph-Tristan de l'Hermite, écuyer, seigneur de la Rivière, son oncle (1) ; sa marraine était sa grand'mère, Marie Vidaud du Dognon, épouse d'Yrieix Dalesme de Salvanet. La bonne supérieure qui avait accepté, dans l'héritage maternel, la charge de veiller sur cette filleule, resta fidèle à la promesse qu'elle s'était faite.

La tradition de famille rapporte, en effet, que, dès sa plus tendre enfance, Mlle Dalesme de Salvanet de Châtelus, l'aînée des filles du seigneur baron de Châtelus-le-Marcheix, fut confiée à sa tante, la « Mère Supérieure ». Formée à pareille école, Mlle de Châtelus reçut une éducation soignée jointe à une solide instruction religieuse. Ayant terminé ses études, elle partagea son temps entre Limoges et Salvanet, et c'est ainsi qu'elle se trouvait à Limoges, à la fin de 1786, étant dans sa dix-septième année. Elle s'occupait, pour se distraire, de dessin et de musique ; sa tante, qui aimait beaucoup la guitare et qui lui en avait offert une, suivait avec intérêt les progrès de la jeune fille. Plus tard, longtemps après le mariage de Mlle de Châtelus, la vieille guitare qui avait charmé sa jeunesse, fut reléguée dans les combles du château d'Etivaux, près de Veyrac, où elle habitait. Deux de ses petites-filles que nous avons beaucoup connues, décédées à Limoges, l'une en 1906 à l'âge de 78 ans, l'autre en 1917 à l'âge de 93 ans, nous ont souvent raconté qu'elles s'étaient servi, elles aussi, de la vénérable guitare qui se trouva mêlée à leurs jeux de fillettes, chez leur grand'mère, à Etivaux, en 1830-1840. Nous tenons d'elles, également, les détails qui suivent sur le mariage de leur grand'mère.

La mère supérieure Saint-Joseph avait peut-être eu la pensée secrète de faire pencher sa jeune nièce vers la vocation religieuse et de la voir entrer dans la communauté de Saint-Alexis qu'elle dirigeait depuis si longtemps. Une circonstance imprévue en décida autrement.

Mlle de Châtelus se promenait un jour, à l'automne de 1786, en compagnie d'une sœur de Saint-Alexis, dans le jardin attenant à celui des Génovéfains de Limoges, lorsqu'elle fut aperçue par un jeune gentilhomme, Martial Baillot d'Etivaux, écuyer, dont le père, seigneur de quelques fiefs aux environs de Limoges, possédait la charge de conseiller du roi, président trésorier de France en la généralité, et avait exercé les fonctions d'administrateur de

(1) Joseph de l'Hermite avait épousé Marie de Pichard de l'Eglise au Bois, veuve de Gabriel de Rieublanc du Bost, sœur de la baronne de Châtelus.

l'hôpital général, de 1765 à 1769. Le jeune homme, frappé de la grâce et de la simplicité de la promeneuse, qui possédait aussi, dit-on, une réelle beauté, en fut épris au point qu'il se promit de se ménager un entretien. Il y parvint, en dépit de la surveillance dont elle était l'objet de la part de la sœur qui l'accompagnait, ou, peut-être, mieux encore, grâce à sa bienveillante complicité. La jeune fille, elle-même touchée des manières courtoises de M. Baillot d'Etivaux qui s'était présenté dans son costume de gentilhomme avec bas de soie, souliers à boucles, chapeau à plumes et l'épée au côté, accueillit le jeune homme avec intérêt d'abord, puis avec sympathie. La cause était gagnée.

Martial Baillot d'Etivaux sollicita l'autorisation d'être présenté à la supérieure et de faire demander la main de sa nièce. Le baron de Châtelus et sa femme consentirent ensuite facilement au bonheur de leur fille.

La mère supérieure Dalesme de Salvanet se montra elle-même très heureuse du choix de sa nièce, sanctionné par la famille. En témoignage de l'affection qu'elle lui gardait toujours, elle voulut contribuer à sa dot et intervint à son contrat de mariage pour lui faire une donation de 12.000 livres. Le contrat fut reçu par Me Bardy, notaire à Limoges, le 4 février 1787. En voici la comparution et le passage relatif à la donation:

« Par-devant nous, François Bardy, notaire royal...

« Furent présents : messire Jean-Marie Dalesme, chevalier, Baron de Châtelus, seigneur de Salvanet, le Couret et autres places ; sous son autorité dame Anne-Françoise de Pichard de l'Eglise au Bois, son épouse, et Marie-Thérèse-Joséphine Dalesme, demoiselle de Salvanet, leur fille, demeurant en cette ville, paroisse de St-Michel-des-Lions, d'une part.

« Messire Martial Baillot d'Etivaux, chevalier, seigneur de Gain, Châtenet, co-seigneur de Vérac, président trésorier de France au dit Limoges ; sous son autorité dame Catherine Baillot du Queyroix, son épouse, et Messire Martial Baillot d'Etivaux, écuyer, leur fils, résidant place Dauphine, même paroisse de St-Michel, d'autre part.

« Les parties, de l'avis et l'agrément de messieurs leurs parents et amis soussignés.....

« Le dit seigneur baron de Châtelus a constitué à la dite demoiselle de Salvanet, sa fille,.....

« Aux présentes est intervenue dame Marie-Joséphine Dalesme de Salvanet, supérieure de la Maison de Communauté de Saint-

Alexis de cette ville de Limoges. Laquelle, pour l'amitié et l'affection qu'elle a pour la dite demoiselle de Salvanet, sa nièce, et en considération du dit mariage, lui donne et constitue la somme de douze mille livres qui ne sera cependant payable qu'après le décès de la dame constituante, en effets bons et exigibles de la succession ; en attendant, la dite dame Dalesme de Salvanet, supérieure, promet et s'oblige d'en faire l'intérêt annuellement au dit seigneur de Gain, franc et quitte de retenues et de vingtièmes et autres impositions quelconques, de convention expresse entre les parties.

« Laquelle constitution, reçue et à recevoir, le dit seigneur de Gain a, dès à présent, assignée sur tous et un chacun ses biens, meubles et immeubles, présents et à venir, pour les rendre, le cas arrivant, à la demoiselle Dalesme de Salvanet ou autres qu'il appartiendra..... »

Par ce mariage, la mère Saint-Joseph voyait une de ses propres nièces entrer dans une famille qui s'était alliée, il y avait déjà près d'un siècle et demi, avec celle de la fondatrice des sœurs hospitalières de Saint-Alexis.

Demoiselle Catherine Baillot (fille de Jean, avocat du roi au siège présidial de Limoges, et de Jeanne de Verthamont, et se rattachant à la branche des Baillot du Queyroix) avait en effet épousé, au milieu du XVIIe siècle, Pierre de Petiot, écuyer, seigneur de Chavaignac, parent et contemporain de Marie de Petiot, qui fonda la communauté en 1657-1659.

Voulant témoigner jusqu'au bout sa sollicitude à l'égard de sa nièce, elle se rendit à Veyrac pour être encore marraine, le 31 août 1790, de Pierre-Léonard-Alexis Baillot d'Etivaux, son petit-neveu, né au château d'Etivaux le 24 du même mois. Le parrain était Pierre-Léonard Rogues de Fursac, oncle de l'enfant. (1)

***

Jusqu'en 1790, les religieuses de Saint-Alexis avaient toujours conservé d'excellentes relations avec le Bureau et le Conseil d'administration de l'hôpital général.

(1) Martial Baillot d'Etivaux, marié en 1787 avec Mlle de Châtelus, avait une sœur, Marie Baillot d'Etivaux, qui avait épousé, en 1782, Pierre-Léonard Rogues de Fursac, seigneur de la Châtellenie de St-Etienne-de-Fursac, de Nouhâtre et autres lieux, secrétaire greffier du Point d'Honneur en la sénéchaussée de Montmorillon.

Ainsi, à l'aube de la Révolution, en septembre 1790, nous lisons dans le Registre des délibérations de l'hôpital :

« Le Bureau d'administration, par reconnaissance et en témoignage des services que les dames religieuses de la communauté de Saint-Alexis de cette ville ont rendus et rendent tous les jours gratuitement aux pauvres de l'hôpital, a, par délibération, arrêté qu'il serait fait annuellement et à perpétuité un service pour les dites dames religieuses défuntes, le lendemain de Saint-Alexis, dans la chapelle de l'hôpital de Saint-Alexis, en la manière accoutumée ».

Mais un grave conflit allait bientôt éclater avec la municipalité au sujet de la procession traditionnelle du mardi de Pâques.

MM. les maire et officiers municipaux de Limoges avaient adressé à MM. les administrateurs de l'hôpital, le 24 avril 1791, une lettre « tendant à prévenir que l'assemblée pour la procession du mardi de Pâques devant se faire à 11 heures du matin dans l'église de Saint-Michel-des-Lions, l'hôpital étant d'usage d'assister à la procession, ils eussent à prendre les précautions pour qu'il n'y fust mis aucun retard... ». Deux administrateurs, MM. Péconnet et Navières de la Boissière, se présentèrent à la communauté le lundi 25 avril, porteurs de la lettre d'invitation, pour en conférer avec la supérieure, mère Dalesme de Salvanet. Ils se retirèrent après un court entretien, avec la certitude que les religieuses refuseraient non seulement de prendre part à la procession, mais feraient tout ce qui dépendrait d'elles pour empêcher les pauvres d'y assister : « Ils (les administrateurs) ont connu par leur réponse qu'elles n'étaient nullement disposées à habiller et faire habiller les dits pauvres, quoiqu'elles s'en fissent un devoir les années précédentes ».

Au cours de la conversation, « la dame supérieure de la communauté » leur avait bien dit « qu'elle ne s'opposait point à ce que les pauvres fussent à la procession », mais ayant fait appeler les religieuses, celles-ci répondirent « que les habits et linges des pauvres n'étaient pas en état, qu'elles refusaient de les habiller et même de donner des ordres pour qu'ils fussent habillés ; ...qu'elles persistaient dans leur refus ».

Les administrateurs estimèrent avec raison que « pareille réponse équivaut au refus le plus formel » et ils consignèrent ces faits sur leur registre de délibérations.

« Il n'est guère possible, écrit M. Alfred Leroux, de saisir directement, à travers les réticences de ce procès-verbal, la raison de la conduite des religieuses. Elles déclarent ne point s'opposer à la sortie des pauvres, et en droit elles ne le pouvaient certes pas. Mais elles s'arrangent de manière à empêcher cette sortie, en se gardant de préparer les habits de fête de leurs pensionnaires. Quel était donc leur mobile, et qu'est-ce donc qui pouvait les chagriner dans la célébration de cette procession traditionnelle du mardi de Pâques ? »

« Si la réponse à cette question ne nous est nulle part donnée, nous pouvons cependant la conjecturer avec beaucoup de vraisemblance. L'évêque du diocèse, le clergé paroissial, les aumôniers de l'hôpital étaient tous des prêtres assermentés, des fauteurs de schisme, comme disaient les adversaires de la constitution civile du clergé. A la lumière de cette remarque, les textes s'éclairent, la résistance des religieuses s'explique, celle des administrateurs aussi. Et nous comprenons dès lors combien le conflit soulevé était gros de conséquences ».

Telle était bien la vraie raison qui dictait la conduite de la supérieure de Salvanet et de toutes ses religieuses. L'évêque légitime du diocèse, Mgr du Plessis d'Argentré, qui avait dû quitter Limoges, était remplacé par un intrus, le schismatique Gay de Vernon, élu par le peuple, n'ayant aucun pouvoir de Rome ni aucune investiture canonique. L'interdit et l'excommunication avaient été lancés par Mgr d'Argentré contre Gay de Vernon et tous les prêtres schismatiques, ainsi que contre tous les fidèles qui s'adresseraient à eux pour l'exercice de la religion.

On comprend que dans ces conditions les sœurs de Saint-Alexis aient refusé de participer à la procession organisée par les nouvelles autorités ecclésiastiques qui avaient prêté serment à la constitution civile du clergé.

Mais, comme l'explique M. Leroux, en liant leur cause à celle du clergé réfractaire, les religieuses hospitalières avaient compromis leur existence même et donné des griefs nouveaux à leurs adversaires.

Les membres du Bureau de l'hôpital, extraordinairement convoqués à la suite de cela, décidèrent de dégager leur responsabilité du refus des religieuses.

Par leur délibération du 30 avril 1791, ils affirmèrent « qu'ils n'avaient donné aucun ordre pour que l'hôpital n'assistât point à la procession du mardi de Pâques ; qu'ils avaient, au contraire, donné les ordres les plus positifs pour que l'hôpital sortît suivant l'usage accoutumé ». (1)

(1) Cf. L'étude de M. A. Leroux. *L'assistance hospitalière à Limoges pendant la Révolution*, p. 26 et *passim*.

Ont signé, les administrateurs : Cramouzaud, adm.; Maleden de Balezy, adm.; Navières de la Boissière, adm.; Tranchillon, adm.; Bonin, adm.; Malevergne, adm.; Pétiniaud, adm.; Péconnet, adm.; Ardant, adm.

Mais les événements marchaient vite. La Révolution avait pénétré progressivement dans toutes les provinces de France et désagrégé le vieil édifice des siècles de monarchie. Les prêtres et religieux, menacés dans leurs personnes et leurs biens, commencent à être sérieusement inquiétés et beaucoup se demandent avec raison ce que l'avenir leur réserve. Ils ne peuvent encore prévoir les pontons de Rochefort et de l'île d'Aix et le régime de Terreur qui doit bientôt ensanglanter la France.

La supérieure et les religieuses de Saint-Alexis, qui se rendaient de plus en plus suspectes aux autorités révolutionnaires, n'avaient pas tardé à voir en face les dangers auxquels leur communauté était exposée, à en juger par les autres communautés de la ville qui avaient été frappées ou qui étaient sur le point de l'être.

C'est ainsi que le 19 novembre 1792 les « *Amis de la Liberté et de l'Egalité* », groupés dans la *Société populaire* de Limoges, saluèrent le discours du citoyen Biron, l'un d'eux, qui dénonça la « manière indigne » avec laquelle les « ci-devant religieuses de l'hôpital traitent les pauvres en général qui leur sont confiés, et surtout ceux qui sont dans les bons principes ». Biron demanda, « en conséquence, que ces religieuses fussent chassées de ce lieu comme n'ayant pas et ne méritant pas la confiance publique, et qu'elles fussent de suite remplacées par plusieurs bonnes citoyennes... ». (1)

Mais l'administration du département, pas plus que celle de l'hôpital, ne se hâta de donner satisfaction aux demandes de la *Société populaire*, que la haine et l'esprit de parti soulignaient trop fortement. On examina, on discuta et on gagna du temps. Toutefois, le danger était toujours menaçant.

Désireuse avant tout de ne pas abandonner ses chers pauvres et les malades auxquels elle s'était consacrée, mère Dalesme de Salvanet fit vœu, si la congrégation de Saint-Alexis était maintenue et traversait heureusement les années de trouble qui se préparaient, de sanctifier à perpétuité la fête de saint Joseph, dont

---

(1) Cf. A. Leroux, *ouv. cité*.

elle portait le nom, par une neuvaine et par un jour spécial de recueillement et de prières. (1)

Voici, à ce sujet, une note extraite des Archives de la communauté :

« Un peu avant 1792, époque où mourut mère Saint-Joseph Dalesme de Salvanet, les troubles révolutionnaires allant toujours en augmentant, cette bonne Mère fut inspirée de vouer la communauté au glorieux saint Joseph, afin que, sous sa sainte protection, elle fût préservée. Elle lui promit donc, si nos sœurs avaient le bonheur d'y demeurer et de conserver la possession de cette maison bâtie par nos fondatrices, qu'à perpétuité l'on se préparerait à sa fête par une neuvaine et par un jour de recueillement, le 18 mars de chaque année. Cette prière fut exaucée. Dès ce moment, nous fûmes préservées d'une manière toute spéciale et toute providentielle.

« La commune, il est vrai, voulut exclure les sœurs de l'hôpital et mettre à leur place des personnes salariées avec lesquelles on avait fait prix à 400 francs par an ; mais bientôt l'on fut mécontent et l'on rappela les sœurs, qui reprirent leurs saintes fonctions avec bonheur.

« Pendant ce laps de temps qui ne fut pas long, elles n'avaient pas quitté la communauté et ne la quittèrent jamais, si ce n'est de temps en temps pour un ou deux jours seulement. C'était lorsqu'elles apprenaient que l'on devait venir les inquiéter. Alors elles se déguisaient avec les habits de nos pauvres, se cachaient où elles pouvaient, puis revenaient lorsque l'orage s'apaisait ».

Ces faits sont également attestés par M. l'abbé Roy de Pierrefitte (2) et par M. P. Laforest (3) qui ajoute :

« Pendant toute la Révolution, les religieuses eurent le bonheur de pouvoir assister à la sainte messe. Cette messe se célébrait immédiatement après minuit, dans la salle d'assemblée de la communauté, à un autel qui subsiste encore. Le prêtre qui avait accepté ce périlleux ministère se nommait Buisson ou Busson (4). On chercha plusieurs fois à s'emparer de sa personne,

(1) Depuis ce jour les religieuses de Saint-Alexis fêtent saint Joseph comme patron spécial.

(2) Abbé Roy de Pierrefitte. *Les Hospitalières de Saint-Alexis* (1859).

(3) P. Laforest. *Limoges au 17e siècle*, p. 433 et ss.

(4) Le vrai nom est Busson. Il était prêtre de la Mission en 1776 et 1780.

Le petit oratoire privé de mère Saint-Joseph existe encore à la communauté de Saint-Alexis. Il a vue sur les lits des malades. On y a installé, depuis quelque temps, l'autel où l'abbé Busson célébrait la messe pendant la Révolution.

mais le saint prêtre échappa à toutes les perquisitions. Lorsque l'émeute roulait ses vagues furieuses aux portes de l'hôpital, les religieuses se déguisaient sous les habits de leurs pauvres, et, se cachant comme elles pouvaient, ne reparaissaient qu'après l'orage. La Mère Dalesme soutenait ses Filles ; son intrépidité ne se démentit jamais. Dans une émeute, un homme à figure sinistre l'interpellant brutalement devant la foule : « Citoyenne religieuse, dit-il, que penses-tu de notre Révolution ? — Mon ami, répond froidement la Supérieure, Dieu conduit les événements du monde, et rien n'arrive que par sa volonté sainte ».

Les différents historiens qui ont eu à s'occuper des religieuses de Saint-Alexis pendant la Révolution sont d'accord pour dire qu'en fait elles ne quittèrent pas leur communauté.

Dans son étude sur cette communauté, M. l'abbé Roy de Pierrefitte (1) explique ainsi la présence des sœurs de Saint-Alexis pendant la Révolution : « Sans compromettre leur conscience, en quittant simplement l'habit religieux, les sœurs continuèrent leurs soins aux malades de l'hôpital ».

De son côté, M. Alfred Leroux (2) a indiqué comment, tandis que la communauté de Saint-Alexis se dispersa momentanément, plus tard, en 1793, sous la poussée des événements, plusieurs religieuses parvinrent néanmoins à se glisser adroitement dans les services administratifs de l'hôpital. Elles purent ainsi remplir discrètement, et sans doute souvent en secret, leur rôle de sœurs hospitalières. Mais, pour tout cela, il avait fallu recourir à d'habiles subterfuges et continuer d'avoir l'appui et la bienveillance des administrateurs de l'hôpital.

De nombreuses facilités furent certainement accordées, jusqu'à la fin de 1792, à la Mère Dalesme de Salvanet, qui était connue de toute la ville, et qui s'était trouvée en relations, comme supérieure de Saint-Alexis, avec toutes les familles du vieux Limoges, où se recrutaient les administrateurs, les membres du Bureau, les secrétaires, les trésoriers et les médecins de l'hôpital général.

Citons, au hasard, parmi les noms rencontrés sur le Registre des délibérations depuis 1759 : (3).

MM. Ardant du Picq, Baillot d'Etivaux, Brisset du Puydutour, Benoist du Buis, Benoist de Lostende, Benoist de Vanteaux, Bourdeau de Lajudie, Bonnin de Fraisseix, Bourdeau du Mas, Barbou

(1) *Cf. ouv. cité.*
(2) *Cf. ouv. cité.*
(3) *Arch. Dép. de la Hte-Vienne.* — H. E, 2.

Marie-Joséphine DALESME DE SALVANET

Supérieure de Saint-Alexis

(1725-1792)

(Reproduction photographique d'après le portrait original)

Armoiries accolées

d'Yrieix **DALESME DE SALVANET**, Baron DE CHATELUS

et de Marie VIDAUD DU DOGNON

1° ***D'azur au chevron d'or accompagné en pointe d'un croissant d'argent, au chef cousu de gueules chargé de trois molettes d'éperon d'or*** (Dalesme de Salvanet).

2° ***D'azur à la fasce d'or accompagnée en chef de trois fleurs de lys de même et en pointe d'un lion passant de même*** (Vidaud du Dognon).

Marie-Joséphine DALESME DE SALVANET
Supérieure de Saint-Alexis
(1725-1792)
(Reproduction photographique d'après le portrait original)

Armoiries accolées
d'Yrieix DALESME DE SALVANET, Baron DE CHATELUS
et de Marie VIDAUD DU DOGNON

1° *D'azur au chevron d'or accompagné en pointe d'un croissant d'argent, au chef cousu de gueules chargé de trois molettes d'éperon d'or* (Dalesme de Salvanet).

2° *D'azur à la fasce d'or accompagnée en chef de trois fleurs de lys de même et en pointe d'un lion passant de même* (Vidaud du Dognon).

des Courières, Dhéralde, des Flottes de l'Echoisier, Garat de Saint-Priest, Grellet des Prades, Guingand de Saint-Mathieu, de Jayac de la Garde, Juge de la Borie, Lamy de la Chapelle, Labiche de Reignefort, Martin de la Bastide, Martin du Cluzeau, Martin de la Plaigne, Muret, de Maledent de Feytiat, Muret de Pagnac, Montaudon du Mont, Malevergne de Fressiniat, Navières du Treuil, Naurissart, Pétiniaud de Beaupeyrat, Pétiniaud de Jourgnac, Péconnet de Châtendeau, Peyroche du Puyguichard, Pinot de Magré, de Roulhac de Thias, de Roulhac de Rouveix, de Roulhac de Traschaussade, Romanet du Caillaud, Sohet-Thibaud, Texendier, de Touzac de Saint-Etienne, de Voyon de la Planche, etc...

A cette même époque, sœur Dalesme de Salvanet vit assurément avec une grande tristesse son proche parent, Léonard Gay de Vernon, dont nous avons parlé plus haut, petit-fils d'une sœur de son père (Françoise Dalesme de Salvanet), sombrer dans le schisme, devenir l'évêque constitutionnel de la Haute-Vienne et le chef du clergé rebelle. Nul doute que ce spectacle la troubla profondément dans sa foi religieuse, sans parvenir à l'ébranler. Elle n'eut aucune hésitation et nous l'avons vue, à propos de la procession du mardi de Pâques, refuser de donner le moindre gage d'approbation, même tacite, au clergé assermenté de la ville.

Les terribles émotions infligées depuis quelque temps à la digne supérieure abrégèrent certainement ses jours. Elle fut rappelée à Dieu, dans sa chère communauté qu'elle n'avait pas quittée, pendant la soirée du lundi 10 décembre 1792, et fut inhumée en toute simplicité dans le cimetière des pauvres de l'hôpital. (1)

Voici son acte de décès inscrit sur les registres de l'état civil de la commune de Limoges :

« Aujourd'huy, dix décembre mil sept cent quatre vingt douze, l'an premier de la République, est décédée à la maison des cy-devant dames religieuses de l'hòpital de cette ville, à quatre heures et demy du soir, dame Marie Dalesme, nommée en son nom de religion sœur Saint-Joseph, âgée de soixante-sept ans, fille de feu Yrieix Dalesme de Salvanet et de dame Marie Vidaud du Do-

---

(1) Relevons pour ordre seulement l'erreur commise par M. Léopold Fougères dans sa « Notice sur l'hôpital de Limoges », parue en 1865 dans « *Limoges et le Limousin. Guide de l'Etranger* », p. 179. Il cite mère Dalesme de Salvanet comme supérieure de Saint-Alexis « pendant la durée de la Convention et du Directoire et l'année 1801 ».

gnon, supérieure en la dite maison. Ont été présents et témoins les citoyens Léonard Meilhac, demeurant près de la Mission ; Joseph Durieux, serrurier de la dite (*sic*) hôpital, et dames Marguerite Chatenet (et) Thérèse Barbou, cy-devant religieuses, qui ont signé avec nous, excepté le citoyen Durieux qui a déclaré ne sçavoir signer.

Signé : Bardonnaud, officier public. Sœur Chatenet. Sœur Barbou. Meilhac, Barbou, administrateur » (1).

Une peinture sur toile représentant Marie-Joséphine Dalesme de Salvanet est pieusement conservée par les religieuses de Saint-Alexis. La figure, qu'encadre la mousseline blanche et la soie noire de la coiffure (2), est d'une finesse remarquable et le regard d'une très grande douceur. Cette peinture se trouve à gauche de la cheminée monumentale de la salle d'honneur de la communauté. A droite, on voit une autre peinture qui représente Anne-Rose-Joséphine du Bourg (mère Marie de Jésus), nièce de l'évêque de Limoges, sous le costume de Saint-Alexis qu'elle quitta pour fonder l'ordre des Sœurs du Sauveur et de la Sainte Vierge (3).

*
* *

Dieu qui avait rappelé à lui, à la fin de 1792, sa fidèle servante, avait ainsi épargné à la bonne supérieure bien des tristesses et des angoisses.

Son frère, Jean-Marie, baron de Châtelus, seigneur de Salvanet, et la femme de celui-ci, Anne-Françoise de Pichard de l'Eglise au Bois, jouissaient paisiblement, avec leurs enfants, de la somptueuse demeure qu'ils avaient fait édifier à Salvanet, près Saint-Priest-Taurion, vers 1775, sur l'emplacement d'une autre,

---

(1) Au 10 décembre 1792, les administrateurs de l'hôpital étaient MM. Bourdeau, la Bachellerie, Dantignac, Malevergne, Pétiniaud, Recoquillé, Ardant-Bréjou, Nicaud, Barbou, Ardant du Picq (*Arch. Dép. Hte-Vienne.* — H. E. 2).

(2) Le costume de cérémonie des sœurs de Saint-Alexis consiste en une robe d'étamine noire qu'on relève sur le bras. La guimpe blanche est de forme circulaire, un peu rétrécie vers les épaules, et retombe sur les reins comme sur la poitrine. La coiffe a une bande de mousseline simple, sans empois, et surmontée d'un voile de soie noire plissée par le haut, de manière à s'adapter à la coiffe. La médaille est de forme ronde. » Roy de Pierrefitte. *Les Hospitalières de St-Alexis* (1859).

(3) Nous devons nos très respectueux remerciements à Mère Benoist de Lostende, en religion sœur Marie-Valérie, supérieure de St-Alexis, qui a bien voulu nous fournir diverses notes extraites des archives de sa communauté et nous autoriser à faire prendre une photographie du portrait de sa vénérée devancière.

vétuste, et d'après les plans de Brousseaud, l'architecte du palais épiscopal de Limoges. La Révolution vint les en arracher.

Dénoncés, dès le début de 1793, au club révolutionnaire de Limoges, comme suspects et comme ayant deux enfants émigrés (1), Yrieix et Léonard, ils furent sommés d'avoir à se présenter tous les jours, à Limoges, devant les « citoyens administrateurs du département ».

Ils s'adressèrent aussitôt à la municipalité de Saint-Priest-Taurion, où ils avaient des amis dévoués ; celle-ci rédigea sur-le-champ, pour chacun, un certificat de civisme et adressa un rapport à Limoges, expliquant que M. de Châtelus avait été frappé, quelques années auparavant, d'une attaque d'apoplexie qui lui avait paralysé une jambe, et que sa femme, d'une mauvaise santé, avait besoin de « l'air de la campagne comme le remède le meilleur et le plus propre à luy faire recouvrer ses forces ».

« En conséquence — lisons-nous dans ce rapport — nous vous prions de vouloir bien les dispenser d'une présentation quotidienne par-devant vous, citoyens, et de leur résidence à Limoges, répondant de leurs personnes et promettant de vous les représenter à tel jour et à telle heure que vous jugerez à propos.

« Fait à la maison commune de Saint-Priest, le 8 may 1793, l'an 2e de la République française » (2).

Ce courageux rapport, qui fait honneur à ceux qui osèrent l'écrire et en prendre la responsabilité à cette date sinistre, est signé : De Chaisemartin, officier municipal ; Jean Savy, Charles, Jean Pezaux, notables ; Memy, maire. Il était accompagné d'un certificat médical du docteur Boyer, médecin de l'hôpital général de Limoges.

Tout avait donc été mis en œuvre pour assurer la tranquillité relative de M. et Mme Dalesme de Châtelus et de leur famille, mais on se heurta au Directoire du District de Limoges, qui avait sans doute reçu quelque rapport perfide. Après avoir donné un avis favorable, il se ravisa aussitôt et fit inscrire, en marge du certificat de civisme délivré par la municipalité de Saint-Priest-Taurion, ce mot lourd d'incertitudes et de craintes : AJOURNÉ.

En effet, pendant l'automne de 1793, malgré leurs nombreuses supplications qui sont conservées aux *Archives Départementales* de la Haute-Vienne et que nous avons lues, on refusa de prendre en considération les raisons de santé invoquées, et le ca-

(1) *Arch. Dép. de la Hte-Vienne.* — Q. 283.
(2) *Arch. Dép. de la H.-V.* — L. 444.

ron et la baronne de Châtelus furent arrêtés par ordre du comité de surveillance de la Haute-Vienne avec leurs quatre filles et un fidèle domestique. On les fit tous monter sur une charrette prise dans un des domaines du château et c'est ainsi qu'ils firent le voyage de Salvanet à Limoges, où ils arrivèrent, plus morts que vifs, en proie à d'atroces souffrances physiques et morales. Incarcérés aussitôt au « ci-devant séminaire », transformé en maison de réclusion, ils restèrent emprisonnés du 26 septembre 1793 au 12 novembre 1794, soit pendant un an, un mois et dix-sept jours. A leur sortie, ils furent taxés, pour leurs frais de séjour (nourriture et entretien), à la somme de 3.292 livres 11 sols 6 deniers que M. de Châtelus fut certainement invité à régler sans délai (1).

Entre temps, les fanatiques des bas quartiers de Limoges qui avaient escorté les délégués du comité révolutionnaire venus pour procéder à l'arrestation de la famille de Châtelus, avaient remarqué le délicieux fronton du château, orné de feuilles d'acanthe et finement sculpté aux armes couronnées des seigneurs emprisonnés. Ils revinrent un jour en expédition à Salvanet, munis de solides marteaux, gravirent le perron, dressèrent des échelles contre la façade, et mutilèrent cette jolie sculpture d'une façon si sauvage qu'on la devine à peine aujourd'hui.

Vers la même époque, au mois de mars 1794, les membres du Comité de Sûreté générale de la Convention, à Paris, avaient adressé aux districts des départements des états à remplir par les comités de surveillance de chaque commune. Ces états devaient contenir des renseignements précis sur le nom et le domicile de chaque détenu domicilié dans la commune, le lieu, la date et le motif de sa détention, sa profession et son revenu avant et depuis la Révolution, ses relations et ses liaisons, son caractère, ses opinions politiques, etc. Les états devaient être retournés à Paris sous huit jours.

La municipalité de Saint-Priest-Taurion rédigea alors les renseignements suivants. Ils sont écrits, dans les colonnes afférentes du tableau, de la main du principal notable, M. de Chaisemartin, officier municipal, qui vient de supprimer sa particule, mais qui se trompe encore en commençant à signer son nom. L'habitude ! On peut voir qu'une grande bienveillance les a dictés si l'on rapproche cette feuille de renseignements individuels de celles qui concernent une quantité de personnes de notre ville, que renfer-

(1) *Arch. Dép. de la H.-V.* — L. 446, 840, 855, 856, 857.

me la liasse L. 443 des *Archives Départementales de la Haute-Vienne,* et où la haine jacobine s'est exercée librement.

« Marie Dalesme-Chatelus, âgé d'environ soixante et quelques années, ayant sept enfants, deux garçons émigrés et cinq filles dont une (1) mariée avant la Constitution. Et les autres quatre en arrestation au Séminaire avec luy et sa femme Anne Pichard — détenus tous six au Séminaire depuis environ la Toussaint de l'année 1793 par ordre du comité de surveillance, à cause de l'émigration de ses enfants et de sa noblesse — Cy devant noble — jouissant de 10.000 livres (de revenu) avant la Révolution, aujourd'huy tous ses revenus étant saisis ou séquestrés. Nous ignorons ses relations et ses liaisons. Son caractère nous a paru bon ; n'étant pas à sa portée, nous n'avons pas pu connaître ses opinions politiques.

Signé : Charles, agent national ; Deschamps, officier municipal ; Rouvery, officier municipal ; Savy, notable ; Chaisemartin, officier municipal ; Memy, maire ». (2)

On devine les angoisses et les larmes de toute la famille, et en particulier des quatre jeunes filles et de leur mère, pendant leur longue détention à la prison du Séminaire. L'aînée des jeunes filles venait d'entrer dans sa vingt-unième année et la moins âgée dans sa quinzième année. Les deux autres avaient dix-sept et dix-huit ans. Comme elles durent penser souvent aux ombrages de Salvanet et à l'agréable fraîcheur des rives du Taurion, dont les eaux baignaient le parc du château familial, d'où elles avaient été si brutalement arrachées, un jour de septembre !

Sans nouvelles des deux fils émigrés, ils n'avaient que la consolation de voir de temps en temps seulement leur aînée, Mme Baillot d'Étivaux, elle-même en butte à de nombreuses vexations, ainsi que son mari, de la part du club révolutionnaire de Veyrac (3). Par elle ils apprenaient quelque nouvelle de l'extérieur ou la confirmation de celles qu'ils savaient déjà, toutes d'ailleurs plus alarmantes les unes que les autres ; en effet, la Terreur régnait partout et les comités de surveillance choisissaient dans leurs prisons les victimes qui devaient alimenter le Tribunal révolutionnaire de Paris et la guillotine. On peut aisément conjecturer combien tristes devaient être les visites de cette jeune fem-

(1) Mme Baillot d'Estivaux.

(2) *Arch. Dép. de la Hte-Vienne.* — L. 443.

(3) *Arch. Dép. de la Hte-Vienne.* — L. 860.

me s'acheminant ainsi, non sans dangers, jusqu'à la prison de Limoges, laissant à d'autres mains le soin de ses cinq enfants en bas âge, pour aller embrasser son père, sa mère, ses sœurs et le vieux serviteur, et leur apporter, si possible, le réconfort de sa présence.

De la prison du Séminaire, Mme d'Estivaux se rendit quelquefois auprès de sa belle-sœur, Luce-Hélène de Malleret de Villard, femme de l'émigré Yrieix de Châtelus (1), détenue dans la maison de réclusion de la Visitation et n'ayant même pas la consolation de pouvoir partager les heures mortelles de la prison avec ses belles-sœurs et ses beaux-parents. Elle fut d'ailleurs obligée, en mars 1794, à l'exemple de nombreuses autres dames de la ville, de « divorcer révolutionnairement » (2) pour sauver sa personne et ses biens et recouvrer sa liberté (3).

A la fin de juillet 1794, au cours d'une de ses visites, Mme Baillot d'Etivaux put communiquer à sa famille une courte lettre qui lui était parvenue grâce à la complicité d'un juge de section, et que lui écrivait leur cousin Gratien de Montalembert. Celui-ci, fils d'autre Gratien de Montalembert et de Anne Vidaud du Dognon, était seigneur de Montbeau en Agénois, et avait le grade de capitaine dans le régiment de Royal Infanterie que commandait son oncle le colonel comte de Belzunce. Il était veuf de Mlle de Croismare.

Arrêté à Paris comme suspect et « ci devant noble » en février 1794, puis incarcéré à Saint-Lazare, il comparut devant le Tribunal révolutionnaire et fut guillotiné le 25 juillet.

Quelques jours seulement avant de monter à l'échafaud, il avait écrit à sa cousine, de la prison de Saint-Lazare, une lettre extrêmement émouvante dans laquelle il lui parlait précisément de l'arrestation de sa famille à Salvanet.

Voici cette lettre, qui a été publiée par M. le chanoine Lecler dans l'article qu'il a consacré à Gratien de Montalembert (4).

---

(1) *Archiv. Dép. de la Hte-Vienne.* — L. 207, 876.

(2) Cf. Notre étude sur *Douze Femmes d'Emigrés divorcées à Limoges sous la Terreur* (*Bull. Arch. et Hist. du Lim.*, 1913).

(3) *Registres de Peyrat-le-Château.*

(4) Abbé Lecler. *Le Limousin et la Marche au Tribunal Révolutionnaire de Paris*, tome II, p. 374.

« *Au citoyen...* (1) *juge de la section, rue Pont-Hérisson, à Limoges, pour la citoyenne Baillot-Estivaux, à Veyrac, district de Limoges.*

« Ce 4 juillet 1794.

« Vous m'avez appris douloureusement, ma chère amye, combien nos ennemis sont puissants et fanatisés à Limoges, et l'emprisonnement de tous vos parents a été pour vous un sujet de douleur. Je vous charge de leur faire dire que je partage leur angoisse et vous demande d'embrasser pour moi mes malheureux cousins. Plût à Dieu que leurs maux s'arrêtent là, et qu'il leur épargne le sinistre voyage de Paris de mes compagnons. Vous l'avez appris sans doute, étant à la prison, je suis en butte à toutes les angoisses de l'âme et du cœur. Nous sommes prêts à passer en jugement ; Dieu leur pardonne et priez pour moi, ma chère amye. Mandez-moi si vous avez des nouvelles de votre frère Yrieix et du chevalier, depuis leur départ, et si vous avez fait le voyage de Salvanet après les tristes événements. Je ne sais si je vous reverrai... Donnez de mes nouvelles à votre époux. Je vous embrasse. Adieu !

« MONTALEMBERT ».

La réponse que put envoyer à son cousin Mme Baillot d'Etivaux arriva trop tard. Le bourreau avait fait son œuvre de mort.

Gratien de Montalembert avait toujours entretenu les meilleures relations de parenté avec M. et Mme de Châtelus et leur fille aînée, Mme Baillot d'Etivaux. Moins de deux ans plus tôt, il avait été parrain d'un de ses fils, Pierre, né le 1er décembre 1792. N'ayant pu se rendre à Veyrac pour la cérémonie du baptême, il avait été représenté par le baron de Châtelus, son cousin germain, grand-père du baptisé. Mme Baillot d'Etivaux avait choisi pour marraine Marie-Léonarde de Rieublanc du Bost, comtesse du Authier, sa cousine germaine (2).

Après la tourmente révolutionnaire, le baron et la baronne de Châtelus eurent le bonheur de pouvoir revenir dans leur château

---

(1) Le papier a été coupé à l'endroit où était écrit le nom.

(2) Marie-Léonarde de Rieublanc du Bost était fille de Marie de Pichard de l'Eglise au Bois, sœur de Anne-Françoise de Pichard de l'Eglise au Bois, baronne de Châtelus. Elle avait épousé, en 1778, Jean-Baptiste, comte du Authier, chevalier, seigneur de la Bregère, colonel du régiment de Penthièvre-Dragons, du château de la Baconnaille, paroisse d'Auriat, en Marche.

de Salvanet, où ils finirent leurs jours, lui en 1801, et sa femme en 1812.

Leurs quatre plus jeunes filles, qui avaient partagé avec eux la prison du Séminaire, devinrent Mmes de Gentil de Brutines, de Venassier, Daniel de Taubréjeas et de Roffignac.

Les deux émigrés Yrieix et Léonard rentrèrent en France après l'amnistie générale.

Du mariage d'Yrieix avec Mlle de Malleret de Villard vinrent trois enfants : Mme Lajoumard de Bellabre (1), Mme Malevergne de Fressiniat (2) et un fils, Amédée, mort sans alliance à Salvanet en 1845.

Léonard, le chevalier, devenu maire de Saint-Priest-Taurion, mourut sans alliance, à Saint-Léonard, en 1821.

Comme on vient de le voir, bien des larmes furent épargnées à sœur Saint-Joseph. « Elle fut heureuse, selon le mot de M. P. Laforest, d'échapper au spectacle de tant de désordres et de tant de crimes » (3).

Le souvenir de la Révérende Mère Supérieure Marie-Joséphine Dalesme de Salvanet, en religion sœur Saint-Joseph, est toujours vivant parmi les religieuses de Saint-Alexis de Limoges. Elles sont fières, à juste titre, d'appartenir à un ordre qui a eu à sa tête, à l'heure la plus grave, une aussi belle et noble figure.

⁂

Nous donnons ici, aussi fidèlement que possible, la liste des Supérieures de Saint-Alexis de Limoges, depuis la fondation de l'Ordre jusqu'à nos jours :

Marie de Petiot, fondatrice de l'Ordre, en 1657-1659, décédée

---

(1) Mme Lajoumard de Bellabre laissa de nombreux enfants : Alexandre, marié à Herminie Ruben de la Condamine; Frédéric, marié à Fanny Germain de la Pomélie; Mesdames Veyrier du Muraud, Fargeaud d'Epied, de Brettes, Thenun de Limoges, Emile Montégut, Merveilleux du Vignaux, de Langlade, Barbou des Courières, etc.

(2) Mme Malevergne de Fressiniat laissa : Charles, Jules, Paul, Léon, Laure, Emilie et Louise.

(3) P. Laforest. *Limoges au 17e siècle*, p. 435.

le 14 mai 1667, inhumée dans le caveau des Sœurs de Saint-Alexis, à côté de l'église de la Mission.

Hélène Mercier (sœur de la Croix), élue le 28 juin 1667.

Madeleine David (sœur de Jésus), élue en juin 1679.

Catherine des Flottes (sœur de la Passion), élue en juillet 1688.

Jeanne de la Saigne (sœur du Saint-Sacrement), élue le 16 mai 1700.

Marie Veyssière (sœur Thérèse), élue le 11 juin 1708.

Dauphine, *alias* Joséphine des Flottes (sœur des Anges), élue le 22 juillet 1711, décédée à 88 ans le 12 octobre 1748 et inhumée dans le caveau des Sœurs de Saint-Alexis.

Madeleine Faulte (sœur de la Conception), élue le 22 juillet 1717.

Françoise de la Fosse (sœur Saint-Alexis), élue en janvier 1731.

Léonarde de Jayac de Lagarde (sœur Saint-Augustin) était supérieure en mars 1738 et encore en mars 1742.

Léonarde Thévenin (sœur Saint-François), élue le 24 juillet 1742, était encore supérieure en janvier 1744.

Léonarde David (sœur Elisabeth), élue le 24 juillet 1745, décédée le 18 juin 1757 et inhumée dans le caveau des Sœurs de Saint-Alexis, près de la chapelle de l'hôpital.

Léonarde de Jayac de Lagarde (sœur Saint-Augustin), réélue le 24 février 1749 ; était encore supérieure en juin 1750.

Louise Beaubreuil (sœur Saint-Michel) était supérieure le 24 juillet 1750.

Marguerite Daniel du Montfayon (Sœur Saint-Léonard), élue le 27 juillet 1757, décédée le 21 octobre 1759 et inhumée le lendemain dans le caveau des Religieuses.

Marie-Madeleine *alias* Marie-Joséphine Dalesme de Salvanet (sœur Saint-Joseph), élue le 27 octobre 1759, décédée le 10 décembre 1792, inhumée dans le cimetière des pauvres de l'hôpital.

Catherine Belut (sœur Saint-Martin), élue en janvier 1793.

Marcelle Tanchon (sœur Saint-Laurent), élue le 23 juillet 1796.

Catherine Filhâtre (sœur Saint-Augustin), élue le 27 juillet 1805.

Jeanne-Geneviève Gilbert (sœur Pauline), élue le 24 juillet 1812.

Rose-Félicité Rullier (sœur Saint-Martin), élue le 18 novembre 1844.

Marie-Paul Pie (sœur Constance), élue le 24 juillet 1850.

Rose-Félicité Rullier (sœur Saint-Martin), réélue le 24 juillet 1853.

Marie Beaudemoulin (sœur Pauline), élue en 1864, décédée le 25 août 1906.

Marie-Catherine Benoist de Lostende (sœur Marie-Valérie), élue le 1er septembre 1906

Joseph BOULAUD.

www.ingramcontent.com/pod-product-compliance
Ingram Content Group UK Ltd.
Pitfield, Milton Keynes, MK11 3LW, UK
UKHW020451180726
13839UKWH00004B/1757

9 782329 332031